U0839451

XZCB

图书在版编目(CIP)数据

黑帐篷:藏文/切毛卓玛编著.--拉萨:西藏人民出版社,2017.11

(爷爷从哪里来系列丛书)

ISBN 978-7-223-05547-5

Ⅰ.①黑… Ⅱ.①切… Ⅲ.①藏族—少数民族风俗习惯—介绍—中国—藏语 Ⅳ.①K892.314

中国版本图书馆CIP数据核字(2017)第088555号

黑帐篷

编　　著	切毛卓玛
责任编辑	洛桑群培　夏周错
封面设计	洛桑群培
版式设计	洛桑群培
出版发行	西藏人民出版社(拉萨市林廓北路20号)
印　　刷	拉萨市明鑫印刷有限公司
开　　本	787×1092　1/24
印　　张	1.75
字　　数	10千
版　　次	2017年11月第1版
印　　次	2017年11月第1次印刷
印　　数	01-3,000
书　　号	ISBN 978-7-223-05547-5
定　　价	16.00元

发行部联系电话(传真):0891-6826115

དུས་ཀྱི་འཕེལ་འགྱུར་དང་འཚོ་བའི་གནས་བབ་ལ་བསྟུན། བོད་དུ་སྦྱོད་ཁང་རིགས་མང་པོ་བྱུང་ནས་དར། སྦྲ་གུར་གྱི་རིགས་ལ་ཕྱིང་གུར་དང་། རས་གུར། སྦྲ་ནག་སོགས་མང་པོ་འདུག གནའ་སྔ་མོ་ནས་དར་བའི་བོད་པའི་སྦྱོད་ཁང་ནི་སྦྲ་ནག་གོ།

སྦྲ་ནི་ནོར་ནག་གི་ཁུ་རྩིད་ཀྱིས་བཟོས་ཤིང་། འབྲོག་རིགས་འབྲོག་འབངས་ཚོས་ལོ་ངོ་སྟོང་ཕྲག་དུ་མའི་སྔོན་ནས་བཀོལ་སྤྱོད་བྱས་པའི་སྤོ་སྐྱོད་རང་བཞིན་ཅན་གྱི་སྡོད་ཁང་ཡིན་ལ། དབྱིབས་ནི་གྲུ་བཞི་དང་། ཁ་དོག་ནག་པོ་ཡིན།

སྦྲ་ཞེས་པ་ཡིག་སྐད་དང་། ཁ་སྐད་དུ་སྦྲ་དང་ནྭ། ཡང་ན་ར་སོགས་ཟེར་སྲོལ་ཡོད།

འབྲོག་པའི་འཚོ་བ་ནི་ཕྱུགས་ལས་ཅན་ཡིན་པས། ཕྱུགས་འཚོ་སྐྱོང་གི་རྩ་ཆུའི་ཆེད་དུ། དཔྱར་དགུན་སྟོན་དཔྱིད་བཅས་དུས་ཚིགས་རེ་རེར་གནས་སྤོ་དགོས་ཡོད། དེ་བས་འཁྱེར་བདེ་བ་དང་ཕུབ་བདེ་བའི་སྤྱོད་ཁང་སྦྲ་ནག་དར།

ཁེད། འགྲོ་དུས་ཤ་རྐང་མ། འདུག་དུས་ཤང་རྐང་མ། སྦྲ།

བོད་ཡུལ་སྟོད་སྨད་བར་གསུམ་གྱི་འབྲོག་པས་སྦྲའི་བཟོ་སྟངས། བཅའ་བཀོད། རྒྱུ་ཆ་སོགས་རེ་རེ་བཞིན་མིང་འདོགས་སྟངས་དང་། ངག་རྒྱུན་གྱི་བཤད་ལུགས་འདྲ་མིན་དུ་མ་ཡོད་པས། ཆ་ཚང་བ་ཞིག་ཡོང་དཀའ་མོད། སྦྲ་ནག་གི་སྤྱིའི་ཆ་ངོ་སྤྲོད་བྱེད་དོ།

སྦྲ་ནག་གི་གྲུབ་ཆ་རེ་རེ་དང་བྱེད་ནུས་ལ་རྒྱུས་ལོན་བྱས་ཚེ། གནའ་བོའི་བོད་མི་རིགས་ཀྱི་འཚོ་གནས་ལོ་རྒྱུས་ལས་ཕུན་སུམ་ཚོགས་པའི་དངོས་པོའི་ལོངས་སྤྱོད་དང་། འོད་སྟོང་འབར་བའི་བསམ་བློའི་རིག་གནས། ཡབ་མེས་རྣམས་ཀྱི་ཁྱད་དུ་འཕགས་པའི་ལག་རྩལ་བཅས་ཀྱི་ཆ་ཙམ་ཤེས་རྟོགས་ཐུབ།

སྦྲ་ནག་བཟོ་བའི་རྒྱུ་ཆ་ནི་ནོར་གནག་གི་ཁུ་ལུ་དང་རྩིད་པ་གཉིས་ཡིན་ལ། ཁུ་ལུ་ནི་སྤུན་དང་རྩིད་པ་རྒྱུ་ཡིན། ལོ་རེ་རེའི་ཟླ་བཞི་པ་ནས་ལྔ་པའི་བར་སེམས་ཅན་ཤ་ཤེད་རྒྱས་ཏེ་འབྲིག་མཚམས་ཕྱེས་པ་ན། ཁུ་ལུ་ལེན་པ་དང་རྩིད་པ་བྲེག་ཆོག

བལ་སྟིད་འདྲེས་མ་དེ་ཐོག་མར་ལག་པས་བསེད་དེ་སྟིད་རྒྱང་དུ་དབྱེ་རྗེས། གདབ་བྱུས་གཏུགས་ཆེ་ལས་ཕྱོད་མགྱོགས་པ་དང་བསེད་པ་ཡག་པོར་ཡོང་ངེས།

བསེད་ཟིན་པའི་རྫིང་པ་བདག་ཉར་བྱེད་བདེ་བ་དང་གཞན་དང་ལྷད་མ་འདྲེས་པ། ངོ་བོ་མ་འགྱུར་བར་ཉར་ཆེད་སྐོར་ཏུས་ཡོག་དགོས།

སྐོར་ཏུ་ཡི་སྡེའི་རྗེ་དེའི་མིང་ལ་གཞོག་རྗེ་འམ་ས་མིན་རྗེ་མིན་ཡང་ཟེར།

དེ་ནས་འཕང་འཁེལ་སྐབས་སྐོར་ཊ་ཡིས་སྤྲིལ་ཏེ་ཤོག་སྤྲིལ་བཟོས་པའི་རྩིད་པའི་སྣེ་མོ་ནས་རིམ་གྱིས་ལག་ཇོག་ཏུ་བཟོས་ཏེ་འཕང་འཁེལ་བ་དང་། དེ་ལས་ལས་ཀའི་ཚད་འཛུལ་སྒྲོལ་ཡང་ཡོད་དེ། དཔེར་ན་ལག་ཇོག་གཅིག་དང་གཉིས་ཞེས་ཟེར།

འཐང་འཁེལ་བར་འཐང་ཤིང་དང་འཐང་རྡོ་གཉིས་འཛོམ་དགོས་ལ། འཐང་ཤིང་གསོམ་པས་བཟོས་ཚེ་ཡང་པོ་ཡོད་པས་ལག་ཏུ་བདེ་བ་དང་དྲང་མོ་ཡིན། འཐང་རྡོ་ས་དཀར་དང་ལྡི་བ། རྡིད་པ་སོགས་མཉམ་དུ་བརྫིས་ཏེ་བསྐམས་རྗེས། སྣུམ་བྱུག་བཏང་སྟེ་བཟོ། རིམ་གྱིས་རྡོ་གཡའ་མ་དང་ལྷུགས་སོགས་ཀྱིས་བཟོ་སྒྲོལ་དར།

སྤུན་དེ་ཁུ་ལུ་འཁིལ་བ་ཙུང་སྒོམ་དགོས་པ་དང་རྒྱུ་སྐྱེ་རྩིད་པ་ཕྲ་མོར་འཁིལ་

རྗེས། སྒུ་གུ་བཙོས་དེ་ད་གཟོད་འཐག་ཏུ་བྲན་ཆོག

འཐག་གི་སྟེང་དུ་ངེས་པར་ཤེས་དགོས་པའི་མིང་འགའ་ཡོད་དེ། རྒྱུ་དང་སྤུན། ལྡེབ་མ། བཀར་ཤིང་། སེ་རལ། མགོ་སྐམ། རྙེལ་སོགས་ཡོད།

རྙེལ་ལམ་རྙེལ་དང་སེ་རལ་སོགས་ཀྱི་མིང་ནི་ཐགས་འཐྲན་སྐབས་ཀྱི་བྱེད་ནུས་ཆ་འདྲ་པོ་ཡོད་པས་མིང་དེ་ལྟར་བཏགས་པར་བཤད།

ཐགས་འཐག་སྐབས། ཉིན་བཟང་སྐར་བཟང་འདེམས་པ་དང་། རྐན་ལེན་པའི་ལས་དང་པོར་བར་ཏུ་རྩ་འཛོག་སྲོལ་ཡོད་དེ། རྒྱུ་མཚན་ལས་ཀ་སླ་པོར་འགྲུབ་པའི་རྟེན་འབྲེལ་ཡིན་ཟེར།

ཁེད། ནག་ནག་ཞིབ་མོ་སུལ་བརྒྱ་མ། སུལ་བརྒྱ་མ་ཤེས་ཏུ་བརྒྱ་དགོས། སྦྲ།

བལ་གྱིས་འཐག་པར་ས་འཐག་དང་། སྟེད་པའི་འཐག་པ་ལ་རེའམ་རེ་ལྷེ་ཟེར། ཉི་འོད་དང་ཆར་ཆུ་ཞོག་ཀྱང་མདོག་མི་འགྱུར་ལ་རྒྱུ་སྲུས་བཟང་བ་སོགས་ཀྱི་ཁྱད་ཆོས་མང་པོ་ལྡན།

སྤྲའི་རྒྱུར་འདང་ངེས་ཀྱི་རེ་ནག་འཐག་ཚར་རྗེས། ཁབ་སྐུད་ཀྱིས་བཅོམས་ནས་རེ་ཞིང་བསྒྲིག་དགོས། ཁབ་དེ་རྒྱུན་ལྡན་གྱི་འཚེམ་བཟོ་བྱེད་ཚས་ཀྱི་ཁབ་དང་མི་འདྲ་བར་སྦོམ་ལ་ཐུང་ངུ་ཞིག་ཡིན། མིང་ལའང་ཁབ་སྦོམ་མམ་མོ་ཁབ་ཟེར།

སྦྲའི་ཆེ་ཆུང་ལྷར་རེ་ཞིང་གི་མང་ཉུང་མི་འདྲ་བ་ཡོད་མོད། ཕལ་ཆེ་བར་སྦྲའི་གླད་ཀྱི་གཡས་གཡོན་དུ་རེ་ཞིང་དྲུག་རེ་དང་། རྒྱབ་ཏུ་གསུམ། མཁའ་རུ་བཞི་བཅས་ཡོད།

སྦྲ་དང་འབྲེལ་བའི་ཐེ་གུའི་སྐོར་ལ། ནང་ཐིག་ལ་གདོང་ཐིག་གོང་འོག་གཉིས། �་ཛ་རྒྱུག རྒྱུ་ཐིག ཕྱི་ཐིག་ལ་ནང་གསེས་སུ་ཕྲག་རྒྱུག་དང་གྲུ་ཆོན། ཕྱོགས་བཞིའི་ཆོན་ཆེན་བཞི། ཆོན་ཐག་བཅས་ཡོད།

ཚོན་ཐག་ནི་སྦྲའི་ཕྱོགས་བཞི་ན་ཡོད་པའི་ཡར་མར་རྒྱོང་སྐྱུམ་བྱེད་ཆས་ཀྱི་ཐི་གུའི་མིང་ལ་ཟེར། དེ་བཟོ་བའི་རྒྱུ་ཆ་ནི་ཀོ་བ་རློན་པ་ཉིས་གཤུར་བྱས་ཏེ་ལྷོད་པོར་བསྒྲིམས་ནས་ཉི་མར་བསྐམས་རྗེས་བཟོ་དགོས། དེ་མིན་རྩིད་ཐག་དང་བལ་ཐག ལྩུགས་སྐུད་སོགས་ཀྱིས་བཟོ་སྲོལ་ཡོད། ཚོན་ལ་དབྱེ་ན་སྒོ་ཚོན་དང་གྲུ་ཚོན། དཀྱིལ་ཚོན། ཕྱུགས་ཚོན་བཅས་ཚོན་ཐག་བཅུ་ཡོད་ལ། དེ་དགེ་བཅུ་ཚང་བའི་མཚན་ཉིད་ཡིན་ཟེར།

གཏམ་དཔེ།

ཕྱུགས་ཚོན་རྟ་ཐོ་ཁལ་བཀལ་འདྲ།།
རྟ་སྟོང་ལ་འབུད་པའི་རྟེན་འབྲེལ་རེད།
སྒོ་ཚོན་བག་མའི་འཚོ་འདུག་འདྲ།།
བུ་ཚ་བོ་འཛོམས་པའི་རྟེན་འབྲེལ་རེད།།

སྦྲ་འགེར་བྱེད་ལ་ཀ་ར་ཟེར། དེ་ལ་ཕྱི་ཀ་དང་ནང་ཀ་ཞེས་རིང་ཐུང་མི་འདྲ་བའི་རིགས་གཉིས་དང་། ཁྱོན་བསྡོམས་ཀ་ར་བཅུ་དགུས་གྲུབ། ནང་ཀ་ནི་སྦྲའི་ནང་ཕྱོགས་སུ་ཡོད་པའི་ཀ་རའི་མིང་ལ་ཟེར། དེར་གྲུ་ཀ་བཞི་དང་གྱེན་སློང་གཉིས། གདུང་མ་གཅིག་བཅས་ཡོད། ཕྱི་ཀ་ནི་སྦྲའི་ཕྱི་ཕྱོགས་སུ་ཡོད་པའི་ཀ་རའི་མིང་ལ་ཟེར། དེར་བཅུ་གཅིག་ཡོད།

སྦྲའི་རྒྱབ་ཕྱོགས་ཀྱི་
ཐུགས་ཀ་ཉིང་སྣག་པས་བཟོ།
དེ་གཡང་ཁྱིམ་རྟག་བརྟན་
ཡོང་བའི་རྟེན་འབྲེལ་ཡིན།

སྦྲའི་མདུན་ཕྱོགས་ཀྱི་ཀ་ར་དེ་ཤིང་ཤུག་པས་བཟོ་ལ། རྒྱུ་ནོར་འཛོམས་ཏེ་ཕྱུག་པོ་ཆགས་པའི་རྟེན་འབྲེལ་ཡིན་ཟེར།

ཀ་ར་གཞན་དག་གསོམ་པས་བཟོ་ལ། གསོམ་པ་ནི་ཤིང་ཡང་བའི་རིགས་ཡིན་པས། ཧུ་བ་སྐྱུས་སྒོ་བྱེད་དུས་འཁྱེར་བདེ་བ་དང་། དྲང་མོ་ཡིན་ལ་ཆར་བས་བརྟན་ཡང་མི་གྱུག་པའི་ཁྱད་ཆོས་ལྡན།

སྦྲ་ཕུབ་དུས་ཀ་ར་རེ་རེའི་འཇོག་ཚད་དང་མཐོ་དམན། རིང་ཐུང་སོགས་ཇི་ལྟར་སྙོམས་ན་ཆར་ཆུ་ཡང་དེ་ལྟར་འགོག་ཐུབ།

ཁ་ཚུབ་ནི་བལ་གྱིས་འཐག་པའི་ས་འཐག་གིས་བྱེད་དགོས་ལ། བཤད་སྲོལ་ལ། མཐིང་སྨུག་སྨྲ་ལ་ཚོགས་གསུམ་ཡོད། སྲིད་པ་གསུམ་གྱི་མཚན་ཉིད་ཡིན། སྟེང་ཕྱོགས་ལྷ་ཡི་སྲིད་པ་སྨྲའི་སྐད་དུ་གོ། ཁ་ཚུབ་དཀར་པོ་ཡིན་པའང་ལྷ་ཡུལ་དཀར་པོ་ཡིན་པའི་མཚན་ཉིད་ཡིན་ཟེར། དེ་ནི་ཐབ་ཁུང་གི་དུ་བ་ཕྱིར་འགྲོ་བྱེད་དང་ཁྱིམ་དུ་དཀར་འོད་ཕྱེ་སའི་དཀར་ཁུང་ཡིན་ལ། ཆར་དང་ཁ་བ་འབབ་དུས་ཁ་ཚུབ་བརྒྱབ་ཆོག

ཁེད། གཡག་རྒྱན་མ་འགྲུལ་ཟེ་བ་འགྲུལ། སྒྲ།

མཆར་དུའམ་ཚ་དུ་ནི་ཤིང་མཁྲིགས་པོའི་རིགས་ཀྱིས་བཟོས་པའི་སྒྲོག་བྱེད་ཅིག་སྟེ། བཟོ་དབྱིབས་འདྲ་མིན་ཡོད།

ཟུང་ང་ནི་སྦྲའི་ནང་གི་གཡས་གཡོན་མཐུད་བྱེད་ལ་ཟེར། དེ་ལ་ཕོ་ལོང་མོ་ལོང་ཞེས་གཉིས་ཡོད། སྣེ་ཊུ་ཆ་ཊུ་ཅན་ལ་ཕོ་ལོང་དང་། ཆ་ཊུ་སྒྲོག་སའི་ཆར་ལོང་ཅན་ལ་མོ་ལོང་ཟེར། དེ་གཉིས་བསྒྲིགས་ན་སྦྲའི་ཕོ་ཁྲིམ་མོ་ཁྲིམ་མཐུད་པ་ཡིན།

སྒོ་ཕྱར་ནི་རེ་དང་རས་གཉིས་ཀྱིས་གྲུབ་པ་དང་། སྦྲའི་མདུན་ངོས་སུ་བརྒྱབ་ཡོད། དེ་ཉི་མ་དྲོ་བ་ན་ཡར་བཀྱག་ཆོག་ལ། རླུང་དང་བསེར་བུ་གཡུག་དུས་མར་ཕབ་ཆོག

འདབས་ཐིག་ནི་སྦྲ་ནག་གི་འདབས་ཁ་སར་འདོགས་བྱེད་ཀྱི་ཐི་གུའི་རིགས་དེར་ཟེར།

ཁེད། འབྲི་གཅིག་ཐག་པ་བརྒྱ་ཡིས་རྫོ། སྦྲ།

སྦྲའི་འདབས་ནི་རས་སྔོན་པོས་བཟོ་ལ་ཁ་སྐད་དུ་ཚུ་དར་ཟེར། མདོག་སྔོན་པོ་ཡིན་པ་ནི་འོག་ཀླུ་ཡུལ་སྔོན་པོ་ཡིན་པས་རྟེན་འབྲེལ་བསྒྲིགས་པ་ཡིན་ཟེར།

ཪོ་ཐིག་ནི་སྦྲའི་ཀླད་ཀྱི་ནང་ཕྱོགས་སུ་འཐེན་པའི་ཐི་གུ་ལ་ཟེར། དེ་ལ་བལ་ཐིག་གསུམ་བཟོས་ཅན་དང་བཞི་བཟོས་ཅན་ཡོད། དེ་ལྟར་བྱས་ན་སྲ་མོ་ཡིན་པ་དང་སྦྲ་ཀླད་མཐར་ཚོད་ཐུབ་པ། མིག་ལ་མཛེས་པ་བཅས་ཀྱི་ཁྱད་ཆོས་ཡོད། ངག་རྒྱུན་དུ་གཡས་གཡོན་གཉིས་སུ་ཪོ་ཐིག་དྲུག་རེ་ཡོད་ལ། དེས་ལོ་སྐོར་ཟླ་བ་བཅུ་གཉིས་མཚོན་ཟེར།

ཕུར་པ་ཉེར་བདུན་དགོས་ལ། དེ་རྒྱ་སྐར་ཉེར་བདུན་གྱི་མཚན་ཉིད་ཡིན་ཟེར། རྒྱུ་ཆ་ནི་རྒྱུན་ལྡན་ཤོར་ཡུག་ལས་རྟེད་པར་སླ་བའི་ལྕང་ནག་དང་སླ་ཁེ་སོགས་ཀྱིས་བཟོས་ཆོག

སྔ་ཕུབ་དུས་ཐོག་མར་ས་ལ་བརྟག་དགོས་ཏེ། སའི་བདེ་གཟར་དང་ཆུ་ལོག་གྲང་རླུང་སོགས་ཀྱི་ཉེན་ཁ་ཡོད་མེད་ལ་བལྟ་དགོས་པ་ལས། ས་དཔྱད་ཡག་བཙོག་བཟང་ངན་གང་ལའང་བརྟག་མི་དགོས། རྒྱུ་མཚན་སྔ་ནག་གི་བཟོ་དབྱིབས་རུས་སྦལ་ལ་དཔེ་བླངས་ནས་གྲུབ་པས་རྟེན་འབྲེལ་གྱིས་མ་བཅོས་རང་རྒྱུ་ཐུབ་ཟེར།

སྦྲ་ཕུབ་དུས་ཁ་ལྷོ་ཕྱོགས་ལ་སྒོར་སྲོལ་ཡོད་དེ། ཨ་མདོའི་དམངས་གླུའི་ནང་དུ། སྦྲ་མཐིང་སྨུག་ཁ་རུ་ལྷོ་ལ་བརྒྱངས་ཞེས་ཡོད།

དུས་བཞིའི་འགྱུར་བ་དང་བསྟུན་སྦྲའི་ཕྱི་ནང་བརྗེ་སྒྱོར་བྱེད་ལ། དབྱར་ཁ་སྦྲའི་སྤུབས་ཀ་ཕྱི་རུ་ཡོད། དེས་ཆར་ཆུ་འགོག་ཐུབ། དགུན་དུས་སྤུབས་ཀ་ནང་དུ་འཁོར་ཡོད། དེས་ཅག་དང་བསེར་བུ་འགོག་ཐུབ། དེ་ལྟར་སྦྲའི་ཕྱི་ནང་བརྗེ་སྒྱོར་བྱས་ན་ཁ་དོག་སྐྱེམས་པ་དང་ཆར་ཆུའི་ཐིགས་པ་འགོག་ཐུབ།

རྨ་སྐྱིལ་སྐངས་ནི་གང་འདོད་ལྟར་བསྐྱིལ་ཆོག་པ་ཞིག་མ་ཡིན་པར། དེ་ལ་གོ་རིམ་ངེས་ཅན་ཞིག་ཡོད། གལ་ཏེ་གོ་རིམ་དེ་དག་མ་ཤེས་ཚེ། རྨ་རུལ་བ་དང་མེར་བསྲེག་པ་སོགས་ཀྱི་ཉེན་ཁ་ཡོད་པས། རྨ་སྐྱིལ་དུས་ཐོག་མར་ཁ་ཆུབ་ཀྱི་ཨབ་གཏོར་བ་དང་། སྣ་ཕྱུར་ལེན་པ། འདབས་ཐིག་འབལ་བ། རྨ་ཐོག་གི་རེ་འཛིན་བྱེད་ཀྱི་ཐི་གུ་བཞི་ཕྱོད་དགོས་པ་དང་། གུ་བཞིའི་ས་འདོགས་དང་། ནང་ཀ སྣ་ཚོན། ཕྱུགས་ཚོན་སོགས་ཀྱི་ལས་ཀ་བྱེད་པ་དང་། ཡ་ལོག་གི་ཡར་སྐོར་དང་མ་ལོག་གི་མར་སྐོར་གྱི་ཀ་

མགོ་འཁེལ་སའི་ཟུང་ང་གཉིས་མ་གཏོགས་ཟུང་ང་ཚང་མ་བརྩེལ་དགོས། དེ་ལྟར་བྱས་ན་ད་གཟོད་སྦྲའི་ཕོ་ཁྱིམ་དང་མོ་ཁྱིམ་གཉིས་ཐབ་ཀའི་མགོ་ནས་ཡུན་གྱིས་སོ་སོར་གྲོལ་བ་དང་། དེ་དང་མཉམ་དུ་སྦྲ་ལྷོད་ནས་གྲུ་ཆེན་བཞིའང་རང་ཤུགས་ཀྱིས་ལོག་འགྲོ་བ་ཡིན། སྐབས་འདིར་སྦྲའི་ཆེན་མགོའི་ཕུར་བ་དང་། ཀ་ར། ཆེན་ཐག་སོགས་བླངས་རྗེས་ད་གཟོད་སྦྲ་སྒྲིལ་ཆོག

སྦྲ་ལྟེབ་སྟངས་ལ་སྦྲ་ཐུབ་པ་དང་སྦྲ་སྒྲིལ་བ་ལྟ་བུའི་གོ་རིམ་ཞིབ་ཆ་ཞིག་མེད། སྦྲ་བསྒྲིལ་བའི་རྗེས་སུ་ས་རྫོས་རུང་བདེ་སྒོམ་ཞིག་ནས་ཐར་བཅད་དེ། སྦྲ་ཐོག་ལ་བདེ་ཕྱོགས་ལྷར་ཆེ་ཆུང་ཚད་དང་རན་པར་བལྟབས་ཏེ། ཚོན་ཐག་གཉིས་མཐུད་ནས་བཞི་ཚིགས་བྱས་ནས་བསྡམས་པས་ཆོག་པ་ཡིན། འོན་ཀྱང་། སྦྲ་ལྟེབ་དུས་སྦྲ་ཁུག་ལ་ཐུར་པ་དང་མི་འདྲུད་སོགས་སྟེ་མོ་ཅན་གྱི་དངོས་པོ་འཚོར་མི་རུང་། གལ་ཏེ་དེ་རིགས་ཤོར་ན་སྦྲ་ལ་ཕྲ་ཁུང་ཐུག་པའི་ཉེན་ཁ་སོགས་ཡོད། དེ་མིན་སྦྲ་མ་སྐམ་པར་བལྟབས་ནས་ཡུན་རིང་བཞག་ན་རུལ་བའི་ཉེན་ཁའང་ཆེའོ།།

སྤྱི་ཐག

སྒྲིག་རྩོམ་མཁན།	འཆི་མེད་སྒྲོལ་མ།
རྩོམ་སྒྲིག་འགན་འཁུར་བ།	བློ་བཟང་ཆོས་འཕེལ། ཤ་འབྲུག་མཚོ།
དེབ་གཞིའི་མཛེས་འཆོས་པ།	བློ་བཟང་ཆོས་འཕེལ།
དཔེ་སྐྲུན་འགྲེམས་སྤེལ་ཚན་པ།	བོད་ལྗོངས་མི་དམངས་དཔེ་སྐྲུན་ཁང་། (ལྷ་ས་གྲོང་ཁྱེར་གླིང་སྐོར་བྱང་ལམ་སྒོ་ཨང་20)
པར་འདེབས་ཚན་པ།	ལྷ་ས་གྲོང་ཁྱེར་མིང་ཤིན་པར་འདེབས་ཚད་ཡོད་ཀུང་སི།
དེབ་ཚད།	787 × 1092 1/24
པར་ཤོག	1.75
ཡིག་གྲངས།	ཁྲི་1
པར་གཞི།	2017ལོའི་ཟླ་11པར་པར་གཞི་1 བསྒྲིགས།
པར་ཐེངས།	2017ལོའི་ཟླ་11པར་པར་ཐེངས་1 བཏབ།
པར་གྲངས།	01-3,000
དཔེ་དེབ་ཨང་རྟགས།	ISBN 978-7-223-05547-5
རིན་གོང་སྒོར།	16.00